Light Travels | Lig Reis

Marí Peté

VERSE

Leopard Press

For Megs,
from
M x M
12/12/20

The cover photo (by André van der Merwe, 2019) shows the shadows of three travel mates at sunset in an abandoned chapel in Kayaköy ghost village (Fethiye, Turkey), where Greeks and Turks lived in harmony until expulsion in 1923. The photo of me on the last page (by Linda van Ryneveld) was taken in the same location.

http://www.bbc.com/travel/story/20140626-turkeys-religious-ghost-town

Leopard Press
PO Box 83
Randpark Ridge, South Africa, 2156

ISBN 9781920082208

For my daughter, Megan
my husband, Stephen
and my mother, Ina

CARTWHEELS

From the museum cafe, we see the giant sundial
spread outside in Spanish sun – copper inlays
            sparkle in black marble.

You run out through the door, pause for a moment:
        in your cute red dress, my ten-year-old,
you leap in cartwheels   over man-made lines.

In the foyer, a waxy Einstein smiles –
he knows, as you do:
tho' lines are there to keep us sane,

nature isn't straight
and among other shapes,
time also comes in cones and cubes.

WAWIELE

Vanuit die museumwinkel
sien ons die groot sonwyser:
koper insetsels   glinster in swart marmer
                    uitgestrek in Spaanse son.

  Jy hardloop die deur uit, huiwer 'n oomblik:
    in jou mooi rooi rokkie, my tien-jarige,
  spin jy in wawiele   oor mensgemaakte lyne.

In die portaal glimlag waspop-Einstein,
want soos jy, weet hy:
lyne keer dat ons kop verloor,

maar die natuur is nie reguit nie
en tyd werk, onder andere,
ook in keëls en sirkels.

About Light Travels

Step into the eye of concentric time – here, events that hold more weight, sit nearer to the centre, no matter how long ago they occurred.

This collection draws on some of my travels abroad from 1998 when I was pregnant, to 2019 when my child turned 21. Although I travelled before, being a mother gave me new eyes, intensified questions and pleasures, whether I traveled with my child, without, or towards her. Lately motherhood has become my reason for travel, as she moved from South Africa to the Netherlands to study after high school.

Light travels are journeys without hefty baggage, excess, responsibility. With these poems, I tell what it is like to live in, and between, the weight and buoyancy of mothering and traveling. At times mothering is light and traveling heavy, and *vice versa*.

In a second meaning of the title, one could say that when we engage with poetry, then light travels — poetry works through illumination, rather than reason or analysis. Where light travels, there is dark — ahead, behind. We see, also, the penumbras or partial illuminations where shade and light blend.

Poem recordings

https://vimeo.com/showcase/6676079

Every language has its own music. Mother's voice and heartbeat were the first tempos we heard in the womb. Perhaps that is why voice brings primal intimacy to the experience of a poem. Poetry is simultaneously about tempo and time, as Robin Barre says.

Barre, R. 2019. Chronos Eats His Children: A Poetic Inquiry into Time as a Social Justice Issue. In S. Faulkner & A. Cloud (Eds.) Poetic Inquiry as Social Justice and Political Response. 111-121. Vernon Press. Wilmington, Malaga.

WHERE SPIRIT SLIPS | WAAR GEES GLY 51

FIERCE AND FEARLESS | ONVERSKROKKE 57

Cord | Koord

CROSSING CHRONOS

If Soul is sick   with tick-tock clocks,
take a dreamer's boat to a spot in the seas
where meridians meet: imagine a line
and balance on it   or float on you back
across west and east   but the main thing is,
if you   stay light   (don't think too hard)
then all of Time's divinities   will find a gap
                and intervene —
        Soul can be free, collapse in the laps
                of Fortune, Occasion
                    and Memory.

In response to "Chronos eats its children" by Robin Reynolds Barre in Poetic inquiry as social justice and political response.

KRUIS KRONOS

Wanneer Gees bedees is   van tik-tok-klokke
neem ’n dromer se boot na ’n plek in die see
waar meridiane   verenig:
verbeel jou ’n lyn waarop jy balanseer
of dryf op jou rug   oor wes en oos
maar die hoof-ding is   as jy   lig bly
nie te veel   konsentreer nie
sal al   Tyd se gode   ’n gaping kry
      om oor te steek en in te tree —
 Gees vry wees, slaap in die skoot
       van Geluk, Geleentheid
              en Geheue.

RIDE FOR FREE

There's a hitch hiker squatting in me –
a nine-month ride for free.

Heels in my belly:
move! I'm growing...

Volcanoes erupt in my throat.

Floats head over heels in warm fluid,
astronaut exploring

a universe   in me.

GRATIS REIS

'n Duimloper het tentgemaak in my –
'n nege-maande gratis reis.

Hakskene in die buik:
Skuif op! Ek spruit...

Vulkane spu in my keel.

Ruimtereisiger
dryf kop oor stert in warm see:

ontdek 'n heelal   in my.

CORD

I

Even if I was just starting to show,
on the plane the two little nuns noticed.
They flew from Rome to this New World.

Disembarked, I squeezed onto the shuttle.
There they sat once again,
wrinkled fingers rubbing rosaries.

One stood up –
pointed to my pensive palm
resting on my belly –
offered me her seat.
I declined (she was elderly),
but in Italian, the two pressed forcefully.

A local woman looked at me –
hand clutching the rail next to mine
she laughed and said,

"*They* don't know – we don't do *that*."

II

Close to dark at Pen Station
I caught a cab –
the driver glanced at the note from my coat,
said nothing.

Where we waited at a crossing
he directed, “Those…are dealers.
Ma’am, you’re sure? This address
…is the wrong side of the park.”
I said, yes.
He dropped me there, drove on.

Across the street, two muscly guys
were nose to nose, yelling –
veins bulging in their necks.
I turned my back,
pulled a hoodie over my hair –
banged on the door.
After what felt like forever,
a window opened on the second floor –
my dozy friend stuck out his head.

I settled in, tested my bed,
then Howard led me down the stairs,
opened the door to the kitchen…
The land lady in a cloud of spaghetti steam
welcomed me (to the beat of Vivaldi
and vigorous discussions)

in the erudite heart
of Columbia University.

III

One of those travel moments
when you feel cut loose, forlorn –
every gene yearning
to be transported
home
instantly.

I crossed the road
for shelter from the northern world's sleet and cold –
climbed the first steps I could reach,
entered a gallery. Paid the fee, turned left,
without any interest in the first display waiting,
whatever it might have been.

But
there she stood
in the glass cabinet.
Bowl-like hipbones
and hands
free –

to pick up a stone
or hold a newborn.
Upright unlike other apes.

In the heart of New York City
that famous fossil Lucy,
excavated from Africa's sun-baked valleys

stared
from the hall
of human origins,
straight at me
and my unborn daughter.

KOORD

I

Selfs al het ek toe pas begin wys
het dié twee nonne op die vlug geweet.
Klein van lyf, het hulle vanaf Rome
na hierdie Nuwe Wêreld gereis.

Ek het afgestap,
op die bussie ingewurm tussen ander.
En daar sit hulle toe weer –
verplooide vingers
vrywend aan bid-krale.

Een het opgestaan,
na my palm gewys wat denkend oor my buik streel –
haar sitplek aangebied.
Ek weier toe (sy was bejaard),
maar dié twee dring luid aan in Italiaans.

'n Plaaslike vrou (hand op die reeling langs myne)
skiet toe 'n blik na my kant toe –
lag en sê,

"*Hulle* weet nie – ons   doen nie *dit* nie."

II

Na aan donker by Pen Station
het ek 'n taxi gevat – die drywer
het die nota uit my jas gelees,
            geswyg.

Waar ons by die kruising wag,
wys hy, "Those...are dealers.
Ma'am, you're sure? This address
...is the wrong side of the park."
Ek sê toe ja.
Hy laai my af, ry aan.

Oorkant die straat het twee gespierde mans
neus teen neus op mekaar geskreeu –
are bultend in hul slape.
Ek't my rug gedraai,
kappie oor my kop aan die deur gehamer.

Na 'n ewigheid
gaan 'n venster oop op die tweede vloer –
en my dromer-vriend loer uit.

Nesgeskop, my bed getoets;
toe lei Howard my die trappe af
en stoot die kombuisdeur oop...
in 'n stoomwolk spaghetti
verwelkom die land-vrou my
(op die maat van Vivaldi

en ’n lewendige debat)
in Columbia-universiteit
se geleerde hart.

III

Een van daardie reis-oomblikke
wanneer jy losgesny, verlore voel
en elke geen in jou lyf
verlang om verplaas te word –
huis toe, oombliklik.

Ek het die straat oorgesteek
vir beskerming teen die noorderlandse
ysreën en koue –
die eerste trappe geklim wat ek kon vind,
in ’n gallery in.
Die fooi betaal, links gedraai
sonder enige belang in die eerste uitstalling
wat dit ook al mog wees.
Maar daar staan sy toe
in die glaskabinet.
Heupe soos komme

en hande
vry –
om ’n klip op te tel
of ’n pasgebore baba vas te hou.
Regop, anders as ander ape – Lucy.

In die hart van New York City
het daardie beroemde fossiel,
opgegrawe uit die warmgebakte valleie van Afrika,
vanuit die saal van menslike oorsprong
reguit na my
en my ongebore dogter gestaar.

Arc | Boog

LEFT

My husband always says,
"When your brain says right,
Dearest, turn left."

In Florence I forgot what he said -
circled for hours, no tourists left...

only a donna in a black dress
nodding off by a chapel door.

And in the green courtyard
a pierced cloud set ablaze
all the small, yellow daisies.

LINKS

My man sê altyd,
“As jou brein sê draai regs,
draai links, my Lief.”

In Florence het ek alweer nie gedink nie –
sirkel toe vir ure, geen toeriste oor nie...

net ’n donna in ’n swart gewaad
wat in ’n kapeldeur sit en slaap.

En in die groen binnehof
het ’n gespykerde wolk
al die geel madeliefies aan die brand gesteek.

ARC

The village taxi brought me
to a house tilting in the fields.
They don't hear me knocking.
I pass the quiet living room
where yarns drape over furnishings
frayed at the seams.
Walk deeper in...
behind the kitchen door I hear
inflections from Chile to Philippines.
At the long table I find a seat –
artists and writers
drinking drums and eating neeps.
Mementos of causes and schemes
lined on shelves, stacked for winter.
Then, music – they rise, push furniture,
then limbs and feet improvise
unspoken dreams.
The backdoor opens – our host!
And over his shoulder, small wife on her toes.
He burrs, "The curvature of the earth!
            Come see!"
Like a flurry of grouse we run outside...
    midsummer nightfall
rinsing over the tilting house.
Our utterances ring   and fade.

  All manifestations fuse
to bluebells along the arc of the sky.

BOOG

Die dorp se taxi het my hierheen gebring,
’n skewe huis op die horison.
Hulle hoor my nie klop nie.
Ek stap verby die stil woonkamer –
meubels wat uitrafel.
Gedrapeerde wol en garing.
        Stap dieper in…
Agter die kombuisdeur hoor ek
ritmes uit monde rol, Chile tot die Filippyne.
Ek kry ’n plek by die lang tafel –
kunstenaars en skrywers
eet rape en drink heilige water.
Aandenke van beraadslagings
uitgestal op rakke.
Dan, musiek – hul sleep meubels uit die pad,
arms en bene improviseer
onuitgesproke drome.
Die agterdeur swaai oop – ons gasheer!
En oor sy skouer, klein vroutjie op haar tone.
“Kom kyk!” rol dit van sy Skotse tong,
“Die kurwe van die aarde!”
Soos ’n klomp korhoenders hardloop ons uit…
    midsomer-aandstond
spoel oor die kantelende huis.

Ons uitroepe lui…   vervaag.
Alle manifestasies smelt inmekaar
tot blou klokkies al langs die boog van die aarde.

POCKETFUL OF BERRIES

Where you sat smoking under the open skylight
while sketching my smalls hung out to dry
in a creaky room in Kirkcudbright,
we heard the call of Hadrian's wall.

At dawn we bundled into a taxi,
incidental roommates at an arts fest
joining a photographer on his one-day quest.
First stop the neighbouring village –
stocked up on oats crunchies and camera batteries
and precariously perched,
I peed in the brambles behind your backs
outside the misty co-op shop,
while you kept watch awaiting the bus.

Somewhere further south
after crossing the English border
an oncoming driver (texting while driving)
skidded round a corner, peeled off the bus bumper...
veered off into a tree. We bundled out.
All got off lightly,
and I delighted in my find of rowan berries –
I had wished for a while to find these fruits
with magical properties.
Hours later, Hadrian's Wall stretched out in soft rain.
The Picts were fiercest of all, feared nobody.
The Romans built the wall
to keep these tattooed men at bay.

Ear to stone I heard Puck*, oldest thing in history,
telling the children soldier stories.

On the northern train home
I remembered a scene
from *The Unbearable Lightness of Being* –
Sabina leaned out of a coal train...
gathered her body back in,
laughed and mounted the lap of a lover,
her face soaked with rain.

We crossed back over to the land of Picts,
got dropped in a village again,
sampled *uisge beatha** with weathered men.
On leaving the hearth with glowing cheeks,
crisp air shocked lungs,
seagulls stirred a stormy sky,
once again a shutter fired.
On the bus between Dumfries and Kirkcudbright
I thumbed through a guide to single malt
while Jimmy the Tex volunteered
peaty pronunciations:
'Glenmorangie – Lagavulin – Laphroaig...'
rolled from the tongue of this leathery barman.

Touched by the wand of evening sun,
pocketful of berries, we found our room –
smoke trailing over mossy roofs,
shadows of smalls
tattooed along creaky walls.

** Puck: In Rudyard Kipling's short story 'On the Great Wall' from his collection 'Puck of Pook's Hill' (1906), Puck the elf (who refers to himself as "the oldest thing in history"), pulls Parnesius from another world, to tell the children stories of the Romans' defense of Hadrian's Wall against the native Picts – these unconquered wild men were rumoured to have tattooed or painted faces.*

** uisge beatha: Gaelic for water of life / whisky*

SAKVOL BESSIES

In 'n krakende kamertjie in Kirkcudbright,
waar jy onder die oop dak-lig gesit en rook
en my nat, gewaste onderklere geskets het,
het ons die roep van Hadrian se muur gehoor.

Teen sonsopkoms het ons in die taxi gebondel.
Toevallige kamermaats by 'n kunsfees
het 'n fotograaf vergesel op sy een-dag tog.
Eerste stop, die buur-dorpie –
voorraad aangevul – kamerabatterye
en hawerkoekies,
en buite die mistige koöperasie
het ek, delikaat-gebalanseer, in die distels gepiepie
terwyl jy wagstaan vir die bus.

Êrens verder suid
het ons die grens na Engeland oorkruis –
dáár het 'n aankomende bestuurder
om die draai beheer verloor,
die bus se buffer afgeskil...
in 'n boom ingeslinger. Ons het uitgepeul.
Almal gelukkig lig daarvan af;
en ek was bly oor my ontdekking van Rowan-bessies,
ek't lank gewens om hierdie vrugte
met magiese kragte te vind.
Ure later het Hadrian se Muur
oopgerol in sagte reën.
Die Pikte was die wildste, het niemand gevrees nie.

Die Romeine het die muur gebou
om hierdie getatoeëerde manne buite te hou.
Oor teen klip kon ek vir Puck* hoor –
die oudste ding in die oorlewering,
besig om soldate-stories vir kinders te fluister.

Op die noordertrein terug
het ek ’n toneel onthou
uit The *Unbearable Lightness of Being* –
Sabina het uit ’n steenkooltrein geleun...
haar lyf weer ingetrek, gelag,
op ’n minnaar se skoot geklim,
haar gesig deurweek met reën.

Ons het teruggekruis na die land van Pikte –
in ’n dorpie afgeklim, saam met verweerde manne
met *uisge beatha* glasies geklink,
die kaggel verlaat met gloeiende wange –
longe geskok van vars lug,
meeue roer die broeiende storm,
en weer ’n keer, ’n kamerasneller.
Op die bus tussen Dumfries en Kirkcudbright
het ek deur ’n boekie oor enkel-mout geblaai
terwyl Jimmy the Tex uit eie inisiatief
vir my turf-uitsprake leer:
‘Glenmorangie – Lagavulin – Laphroaig...’
het van hierdie leer-agtige kroegman se tong gerol.

Aangetas deur die towerstaf van die aand-son,
sak vol bessies, het ons weer ons kamer gevind –

rook wat oor mos-dakke krul, skadu's van onderklere
getatoeëer op krakende mure.

** Puck: In Rudyard Kipling se storie 'On the Great Wall' uit sy versameling 'Puck of Pook's Hill' (1906), trek Puck die elf (hy verwys na homself as "die oudste ding in die oorlewering"), vir Parnesius uit 'n ander wêreld uit, om vir die kinders stories te vertel oor die Romeine wat Hadrian se Muur teen die plaaslike Pikte verdedig het – hierdie onoorwonne wilde manne het volgens gerugte, getattoeëerde of geverfde gesigte gehad.*

** uisge beatha: Gaelies vir lewenswater / whisky*

I LOVE IT WHEN YOU LEAVE ME

I love it when you leave me for far-off places
so I can trace your shape in the hollows of our bed,
conjure how you sleep afar   between mosquito nets;

so your return can be
a travel bag tumbling on our bed:
sarongs for swelter days,
autumn-shaded trays, sandals sewn in sand.

So I can lure you to the verandah:
moonlit shave to shed your moses shape
then back to bed to trace your face,
your dreams of domes and burning bush
while the shy rain bird calls, welcome home.

EK'S LIEF DAARVOOR AS JY MY VERLAAT

Ek's lief daarvoor as jy my
vir ver-af plekke verlaat; om jou afwesigheid
in holtes van ons bed na te kan maak,
verbeel hoe jy onder muskietnette slaap;

dat jou terugkeer 'n reistas kan wees
wat jy op ons bed oopmaak: koper skinkborde,
sandale in sand gestik, saronge vir snikhete dae.

Sodat ek jou stoep toe kan roep: maanlig-skeer
om jou moses-vorm af te skud, dan terug binnetoe,
stories te luister van koepels en brandende ruigtes
terwyl die skugter vleiloerie *welkom tuis* roep.

TOWER OF WINDS

So merchants could know in the dark
what time stocks would arrive on the docks,
you, Tower of Winds, housed a water clock
            wound by a stream
that flowed from the Acropolis to the Roman market.

Although you were all about utility,
they built you with the best marble.

            Dervishes later swirled around –
though your eight wind gods were Greek,
Sufi worship stopped Lord Elgin from stealing you.

That day we had to forego your enigma –
turned back, as you were being repaired.
            Now I believe, time is right
            to begin again – saving cents,
and if the God of Seas nods in our favour,
start the countdown on our family calendar.

WINDTORING

Sodat handelaars in die donker kon weet
hoe laat voorraad in die hawe sou arriveer
het jy, Windtoring, 'n waterklok gehuisves
        opgewen deur 'n stroom wat vloei
vanaf die Acropolis na die Romeinse mark.

Al was alles wat jou aangaan funksioneel
het hulle jou met die mooiste marmer gebou.

        Dervisje het later om jou gespin –
hoewel jou agt wind-gode Grieks was
het Sufi-aanbidding gekeer
dat Heer Elgin jou steel.

Daardie dag is ons van jou enigma ontneem –
moes omdraai omdat hulle jou gerestoureer het.
        Nou glo ek die tyd is reg
        om weer te begin sente spaar,
en as die God van die See in ons guns knik
kan die aftel op ons gesin se almanak begin.

HYDE PARK

Footpaths rise and fall
as if skirting swans' wings,
crisscross endless commons,
intersect at monuments
remembering those who have been.
Silver cyclists flow around strollers,
children's laughter bubble over granite.
Ducks bury necks, daffodils circle bare trees.

I open the door –
cold air slices
smells of soup.

In a corner where framed sepia swimmers
brave the frozen Serpentine
I sip hot tea, eavesdrop accents

while that favourite, almost forgotten
nomadic anonymity
sifts like snow
all over me.

HYDE PARK

Voetpaaie styg en daal
asof dit swanevlerke streel,
sig-sag eindelose parke, kruis by monumente
waar dít wat was, herdenk word.
Silwer fietsers vloei om stootwaentjies,
kinderlag borrel oor graniet.
Eende verskuil nekke, affodille
sirkel om kaal bome.

Ek maak die deur oop –
koue lug sny
geure van sop.

In ’n hoek waar geraamde sepia-swemmers
die gevriesde Serpentyn trotseer
slurp ek warm tee, luister aksente af

terwyl daardie amper-vergete
  nomadiese naamloosheid
 oor my neerstuif soos sneeu.

ROOFTOP ROOM

Lace curtains stream with summer light,
chocolatebubbled lullabies drift over domes.

Swallows dive,
church bells and seagulls

stir the sky.
Somewhere below

gondolas glide through glass,
a maestro strokes a mask.

Like slow roasted coffee,
or olive skin

aftertastes
linger

While we, sisters,
murmur lie doves

wrapped in thin sheets of afternoon sleep.

DAKKAMER

Somer stroom deur kantgordyne
waar sjokoladeborrel-wiegeliedjies oor koepels dryf.

Swaels duik,
kerkklokke en seemeeue

roer die hemel.
Êrens benede

glip gondels deur glas,
’n maestro streel ’n masker.

Soos stadiggeroosterde koffiebone
of olyfvel,

huiwer
nasmake

terwys ons, susters,
soos duiwe murmer,

toegedraai in ligte lakens namiddagslaap.

SUITCASE

When her knees creak for the first time as she wakes
and walks upstairs, she thinks, I need glasses

and begins to see things more clearly. She desires.
She beats her ghosts.   Learns to cook a roast.
Refines the art of ecstacy. Finds comfort
in trusting cycles that mark her feelings.

Through all the seasons of her life,
the suitcase dream.
A different scene every time

but one constant – she's leaving. A train
or plane awaits, and there's not enough space
for everything. She stuffs her bags,
forces zips or clips,
and always leaves too late.

One day she wishes
no longer to keep things
for special days which never come.
After friends have gone home
gathers her grandmother's tablecloth,
like a cat after cream she walks downstairs
curls up in crochet drifts into sleep
she's leaving. Suitcase open:
a few soft dresses, pair of jeans.
Warm jacket, shoes,

a touch of lace

all she needs is in. There is still time
before she leaves. She looks down

sees some space.

REISTAS

Wanneer haar knieë vir die eerste keer kraak
as sy wakkerword en die trappe opstap, dink, sy,

ek moet 'n bril kry,
en begin om dinge helderder te sien.
Sy begeer. Verdryf haar geraamtes.
Leer om skaapboud gaar te maak.
Verfyn die kuns van ekstase. Vind veiligheid
in getroue siklusse wat gevoelens aanteken.

Deur al dié seisoene van haar lewe,
die droom van 'n tas. Elke keer 'n ander toneel

maar een konstante – sy's op pad. 'n Trein
of vliegtuig wag, en daar's nie genoeg spasie
vir alles nie. Sy prop sakke vol,
forseer ritse en knippe,
verlaat die huis te laat.

Eendag wens sy om nie meer te klou
aan goed vir dae wat nooit opdaag nie.
Na vriende weg is, trek sy ouma se tafeldoek nader,
soos 'n kat na room die trappe af
krul op in hekelwerk dryf na droomland

sy's op pad. Tas is oop:
'n paar sagte rokke, jeans.
Warm baadjie, skoene,

sweempie kant

alles in. Daar is steeds tyd
voor sy gaan. Sy kyk af

sien nog spasie.

Where Spirit Slips |

Waar Gees Gly

FIRST EMBRACE, FINLAND

Perched on the edge of a pier
she steps from the sauna,
birch scent on steamy skin.

Hall of mirrors forest round,
she sees the other upside down,
sniggers – the ugly duckling shivers.
But this time the swan dives in –
hot skin, icy water:

black velvet swirls in liquid light
when midnight sun
meets winter solstice.

EERSTE OMHELSING, FINLAND

Berken-geur op stomende vel
tree sy uit die sauna
wat op die jettie se rand oorhel.

Sirkelwoud in ’n saal vol spieëls.
Sy sien die ander een onderstebo
en grinnik – die lelike eendjie bibber.
Maar hierdie keer duik die swaan in.
Vuurwarm vel tref yswater.

Swart fluweel swoel in vloeiende lig
wanneer wintershart
die middernagson tegemoetkom.

IN ISRAEL THE SKIPPER REFUSED

In Israel the skipper refused – it's against the rules,
but we begged, so he said, "Only three of you."
We climbed on the rail and leapt...

Relaxed,
I sank
into glossy waters

opened eyes
deep in the Sea of Galilea
between quicksilver torches.

Up to the surface:
flipped
and floated;

light in, and around and through...

Now I believe – what they say about liquid is true:

portals
where Spirit
slips between worlds.

IN ISRAEL HET DIE SKIPPER GEWEIER

In Israel het die skipper geweier – dis teen die reëls.
Maar ons het gesmeek, toe maak hy 'n uitsondering:
"Net drie van julle."

Ons het op die reeling geklim en gespring...

Ontspanne het ek
in glimmende water
gesink

oë geopen
diep in die See van Galilea
tussen flitse van kwik.

Op na die oppervlak:
omgedraai,
gedryf;

lig in,   en om,   en deur...

Nou glo ek
wat oor vloeistof gesê word
is waar:

poorte
waar Gees
tussen wêrelde gly.

Fierce and Fearless | Onverskrokke

HAPPY 4TH OF JULY

Your dad and gran and I fared
on a summer boat on the Seine.
When we neared a bridge
by the Eiffel Tower that evening
a crowd of Americans
leaned over the edge
and screamed,

Happy 4th of July!

Little could we have guessed that evening
in the City of Lights, that five years later
on USA Independence Day,
our daughter would be born
with a look in her eyes that meant,
I'm going to boarding school at 12,
and at 21 in a foreign land,
pay my own rent.

HAPPY 4TH OF JULY

Op ’n somerboot op die Seine
het ek en jou pa en ouma gevaar.
Toe ons daardie aand
’n brug by die Eiffeltoring nader,
hang ’n skare Amerikaners
oor die reeling en skreeu,

Happy 4th of July!

Min sou ons daardie aand
in die Stad van Ligte kon raai
dat daar vyf jaar later
op VSA Onafhanklikheidsdag
’n wese die wêreld sou betree
met ’n kyk in haar oë wat sê,
ek gaan koshuis toe op 12,
en op 21 in ’n vreemde land
my eie huur betaal.

REUNION

In the high arch of the open front door
I waited on the bottom step.
(I had been away
to Israel and Egypt for ten days,
strolling with my mom
through a picture Bible's pages.)
Your friend's mommy
went to call you in the room. I had just landed,
came to fetch you from your after-school stay.
Dad had to work late.

I heard tiny bare feet slapping shiny tiles.
You appeared on the top step
of the sweeping stairs:
hesitated for a moment

then rushed down
and five steps away
you   leapt

nearly knocked me over
with the tightest embrace.

My dearest Thing, years later
coals from this reunion
still glow in shades
of guilt and elation
as I know,

your feelings
don't show easily.

REUNIE

In die hoë boog van die oop voordeur
het ek op die onderste trap gewag.
(Ek was vir tien dae uithuisig,
in Israel en Egipte het ek en my ma
deur blaaie van 'n prentebybel gestap.)
Jou na-skool maatjie
se mamma het jou gaan roep in die kamer.
Ek het pas geland, het jou kom oplaai.
Pappa was laat op kantoor.

Ek kon kaalvoetjies op die blink vloer hoor:
aan die bopunt van die spiraaltrap
het jy verskyn...
vir 'n oomblik gehuiwer

toe afgestorm
en vyf treë weg
het jy gespring

my byna onderstebo geduik
met die styfste omhelsing.

My liefste Ding, jare later
gloei kole van dié reunie
steeds in kleure
van skuld en vreugde
want ek weet,

jy wys nie maklik
hoe jy voel nie.

AFRICA CHILD

In Münich summer was freezing.
And you, poor thing, incarcerated – layers of clothing
and strapped to your pram everywhere we went
so I could control and protect
my fierce and fearless two-year old
(on and off the trains and buses,
people everywhere –
play space scarce).

Then I found a park –
and you leapt out, screamed as you sprinted
down the path while peeling off layers –
garments flew through icy air
in semi-dark and rain; finally free and naked.

AFRIKA-KIND

In München was somer ysig.
En jy, arme ding, vasgevang –
lae klere en vasgegespe in jou stootkar
oral waar ons gaan
sodat ek jou kon beskerm en beheer,
my onverskrokke twee-jarige
(op en af van die treine en busse
– mense oral,
speelplek min).

Toe vind ek ’n park –
en jy spring uit, skreeu en nael die paadjie af
terwyl jy van lae ontslae raak –
klere vlieg deur bibberende lug
in amper-donker reën; eindelik vry en nakend.

WHEN YOU WERE TWELVE

In Port Louis we strolled under paper lanterns
draped low over China Town streets.
We bought you a pair of purple shoes.
Ravished from shopping,
we ordered red snapper –
whole on the plate,
its teeth still in.

TOE JY TWAALF WAS

In Port Louis het ons onder lanterns gedwaal
laaggedrapeer oor die strate van China Town,
vir jou pers skoene gekoop.
Rasend honger van inkopies,
red snapper bestel –
heel op die bord,
tande nog in.

Between the Island’s Pleats | Tussen Eilandplooie

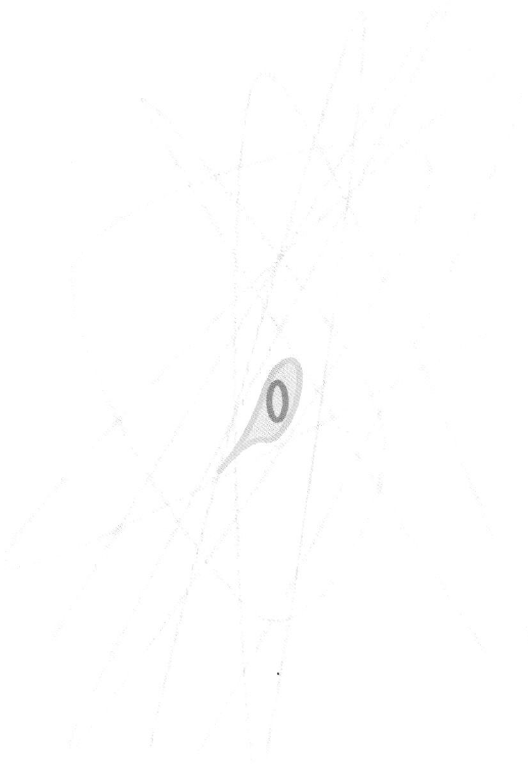

KATHIKAS

I left my soul in a stone house
on a hill overlooking the sea.
I left it there
among raisin-ripe grapes
and figs that drop from the trees.

KATHIKAS

Ek het my siel in 'n kliphuis gelos
op 'n heuwel wat op die see uitkyk.
Daar het ek dit agtergelaat
tussen vye wat uit bome val
en druiwe, ryp soos rosyne.

CLUTCH OF KIDS

A clutch of kids
live in the basilica
tucked between the island's pleats
where raisin-ripe grapes
still drape from vines

trees are gnarled
as old farmers' arms
the earth is strewn
with overripe figs.
By day, they don't speak

– one kid picks
one hides one seeks
one spies one fixes.
The air is still rich,
streams and fish
aren't slow with plastic.

When sun rays withdraw
from the basilica floor's
fissured mosaics
up
out
away
through shattered stain glass,
voices soar as the older ones scale
the dark arches –

tuck in the small
as if they are
baby birds
nested in eves.

HANDVOL KINDERS

’n Handvol kinders
woon in die basiliek
verdoesel tussen eilandplooie
waar rosyn-ryp trosse
steeds van ranke druip

bome verknoei is
soos ou boere-arms,
die aarde besaai
met oorryp vye.

Bedags praat hulle nie
– een kind pluk
een koes een soek
een vind een maak heel.
Die aarde nog vrugbaar,
strome en visse
nie traag van plastiek nie.

As strale onttrek
oor die basiliek
se gekraakte mosaïek
            op
            en weg
            en uit

deur splinterglas,
styg stemme

as ouer kinders
opklim teen donker boë —
kleintjies toemaak,
in nokke nesskrop
          soos voëltjies.

Far and wide | Ver en wyd

FAR AND WIDE

To see you again
I find a place on AirBnB
in Gröningen's flat country
beneath the North Sea.
  You go to lectures. I stay in —
read, write poems. Reach far and wide.
Do yoga of the mind. Ancient - new.
Beings and things. In Vermeer light
   I doodle questions.

You visit after dark.
At the dinner table you say,
"Even if dairy cows escape slaughter,
they are separated from their calves."
Then you solve maths problems.
In wakeful dream, I hear you leave.
Into night's frozen arms at 3 am.

We wait for your dad to arrive
on that surprise ticket I schemed
for pre-Christmas with our daughter,
  mid-term while rent is cheap.

You tell me
maths is difficult
but the surest route to truth;
that it is hard to be an adult —
cook, clean, laundry, putting out refuse;

and that you wouldn't change this experience.

I try to memorise everything.

To say goodbye, you steal time.
We share a meal at a vegan spot.
Under Hoekstraat's* pretty lights
we hug, part; braced by scarves.

Two blocks along the canal
I stop — walk back
find you in tears.
My globe-trotting twenty-year old
by your trusty companion:
second hand, pedal-break
bike with no gears.
Loaded with books.
Frame of steel.
"Next time, stay longer."
Then you slip into a stream
of cycling youth —
without touching handles,
they're tapping their screens.

Back home
in the Indian Ocean's humid breeze
I nag on WhatsApp:

"For calcium: broccoli.
For not eating meat, vitamin B;

D for no sun. Try to get sleep."

Occasionally when I break from this project
nearly large enough to fill the nest,
I zoom in to look... You and me,
Hoekstraat.   That last pic
your father took.

** Hoekstraat: Corner Street (Dutch)*

VER EN WYD

Om jou weer te sien
vind ek 'n plek op AirBnB
in Gröningen se plat provinsie
onder die Noordsee.
Jy gaan draf klas. Ek bly in –
lees, skryf verse. Reik ver en wyd.
Doen gedagte-joga.
Nuut…oer-oud.
Wesens en dinge.
In Vermeer-lig kribbel ek vrae.

Jy besoek na donker. Aan tafel sê jy,
"Selfs al ontsnap suiwelkoeie die slagpale,
word hulle van hul kalwers geskei."
Dan bemeester jy algebra-vergelykings.
Drieuur in ontwake droom
hoor ek hoe jy wegloop
in nag se ysige arms in.

Ons wag vir pa om op te daag.
Ek het 'n verrassingskaartjie gewaag:
voor-Kersfees met ons dogter.
Buiteseisoen kan ons bekostig.

Jy vertel vir my
dat wiskunde moeilik is,
maar die sekerste pad na waarheid;
volwasse-wees is swaar –

kook, skrop, wasgoed, rommel uitsit;
en dat jy dit nie sal verruil nie.

Ek probeer alles onthou.

Ons steel tyd
om afskeid te neem.
Deel 'n ete by 'n vegan-plek.
Reik na mekaar
onder die fraai liggies van Hoekstraat.
Skei, gepantser deur serpe.

Twee blokke verder aan langs die kanaal
stop ek – draai om
vind jou in trane.
My rondritsende twintigjarige
by jou getroue maat:
tweedehandse,
pedaal-rem
fiets sonder ratte.
Oorlaai met boeke.
Raam van staal.
"Volgende keer...bly langer."
Dan glip jy in 'n stroom
fietsende jongmense in, hul tik op fone
sonder om handvatsels vas te hou.

Tuis in die bedompige bries
van die Indiese Oseaan
neul ek op WhatApp:

"Vir kalsium: broccoli.
Vitamiene B as jy nie vleis eet nie;
D vir son. Probeer soms slaap.

Af en toe, as ek breek van hierdie projek
(amper groot genoeg om die nes te vul)
      zoom ek in   om weer te sien:
ek en jy, Hoekstraat. Daai laaste kiekie
            wat jou pa gekliek het.

BOOKING.COM

I

The blue and white ceramic tiles
are certainly as quaint as they looked online.
My Castilian inaptitude
frustrates the young receptionist.
She shakes her head —
to end this duel of hand-signals
she says my booking has been cancelled.
But I stay put.
Finally she resurrects her manager from siesta
on the other side of the phone...
My lights go on — the amount already charged
is refundable, it was only to test if my credit is good.
I resort to Google:
"Sorry that I don't speak Spanish.
Thank you for your help.
What is your name?"
"Maria",
I hear my namesake answer
while I roll the suitcase to my room
tucked between the cleaners' quad
and the droning vending machine.

II

After an evening walk for a glass of wine
and a slice of street life, I return to the room.

Googling Triana's surrounds,
I learn these ceramic tiles
are crafted from the river's clay,
as are all the others
that clad the facades of poetic living.
        Now a long way
from the conference venue's sounds
spilling over couches draped with delegates
(multilingual conversation, lift music,
a thundering indoor waterfall,
hand dryers blasting like jets at take-off
each time a restroom door opens).
  My presentation is   done.
I collapse onto the hostel bed,
plastic creaking under the sheet.
Sink my teeth into readings
to deepen my proposal draft.
Reach for my phone,
let Paco de Lucía's Triana
dissolve foyer negotiations
and cans thundering
down the vending machine shaft.

III

After zig-zagging bridges at midnight
cursing Google Maps
blind to one-ways and roadworks,
my adrenalin's too high for sleep.
Here back in the room my over-active imagination

still dwells on riverbanks, home of gypsies.
I read by a bare bedside light
like an empty toilet roll
with a ping-pong ball on it,
or a relic broken off
from a float turning slowly
outside in the narrow street to somber music—
beautiful Esperanza de Triana draped in white
high above a sea of candles weeping.
The mattress creaks when I stretch my legs
while writing whatever wells.
Still damp from the afternoon's conference
of continual fifteen-minute, multiple parallel tracks.
In the shower I hold my breath
to bypass the drain smell
rising from the bowels of the city.
Dried, in pajamas, glasses on,
I spot
a minute white worm
wriggling on the scrubbed shower floor.
I pep-talk Me:
Stop Reading Lorca*.
Pop a sleeping pill —
not up for natural dream cycles!
I deserve a little oblivion?
Of the slow mosquito in the curtain fold,
the cave by my bed — furniture squeezed in
so the closet can't close around my baggage.
By Grace, artificially, I drop deep.

** "Intellect is often poetry's enemy, since it limits too much, since it lifts the poet into the bondage of aristocratic fineness, where he forgets that he might be eaten, suddenly, by ants, or that a huge arsenical lobster might fall on his head..." — Federico García Lorca, Theory and Play Of The Duende*

BOOKING.COM

I

Die blou en wit keramiekteëls
is vir seker so besonders as wat dit aanlyn geblyk het.
My Kastiljaanse onbekwaamheid
frustreer die jong ontvangsdame.
Sy skud haar kop – om hierdie tweegeveg
van handgebare te beëndig,
sê sy dat my bespreking gekanselleer is.
Maar ek staan vas.
Uiteindelik wek sy haar bestuurder uit siesta
aan die anderkant van die foon...
My liggies gaan aan – die afgetrekte onkoste
is terugbetaalbaar, dit was net
om my krediekaart te toets.
Ek val terug op Google:
"Sorry that I don't speak Spanish.
Thank you for your help.
What is your name?"
"Maria",
hoor ek my naamgenoot antwoord
soos ek die tas rol na my kamer
versteek tussen die skoonmakers-vierkant
en die dreunende verkoopmasjien.

II

Na ’n aandstappie vir ’n glas wyn
en ’n sny straatlewe, keer ek weer kamer toe,
Google Triana-omgewing,
leer dat hierdie keramiekteëls
uit die rivier se klei vervaardig is,
soos al die ander
wat die fasades van poëtiese leefwyses klee.
Nou ver weg van die konferensielokaal se geluide
wat spoel oor rusbanke
gedrapeer met afgevaardigdes
– veeltalige gesprekke, hysbakmusiek,
’n donderende binneshuise rivier,
handdroërs wat blaas soos jets wat opstyg
telkens as ’n ruskamerdeur oopgaan.
My aanbieding is   verby.
Ek val neer op die motelbed,
plastiek kraak onder die deken.
Verdiep my in navorsing.
Reik na my foon – Paco de Lucía se Triana
verdrink voorportaal-onderhandelings
en Cokes wat in die skag afdonder.

III

Na ek bruggies gekris-kras
en Google Maps gevloek het om middernag
(want dis blind vir padwerke en doodloopstrate)
is my adrenalien te hoog vir slaap.

Hier terug in die kamer
dwaal my oor-aktiewe verbeelding steeds
op rivier-oewers, tuiste van sigeuners.
Ek lees langs 'n kaal bedlampie
wat lyk soos 'n leë toiletrol
met 'n tafeltennisballetjie op,
of 'n oorblyfsel afgebreek
van 'n vlot wat stadig draai op somber musiek
buite in die nou steeg –
beeldskone Esperanza de Triana in wit gedrapeer,
hoog bo 'n see wenende kerse.
Die matras kraak as ek bene rek
terwyl ek neerskryf wat ook al opstoot.
Steeds klam van die kongres
se onophoudelike, vyftien-minuut, paralelle sessies.
In die stort hou ek asem op
om die drein-stank te vermy
wat styg uit die binnegoed van die stad.
Droog, pajamas aan, bril op,
sien ek
'n wit wurmpie
op die stortvloer wriemel.
Ek preek vir My:
Hou Op Lorca* Lees.
Sluk 'n slaappil...
Sien nie kans vir natuurlike droomsiklusse nie!
Ek verdien 'n tikkie vergetelheid?
Van die stadige muskiet in die gordynvou,
die grot langs my bed – meubels ingedruk

sodat die kas nie kan toemaak om my bagasie nie.
Deur Genade tuimel ek diep
in kunsmatige slaap.

** "Intellect is often poetry's enemy, since it limits too much, since it lifts the poet into the bondage of aristocratic fineness, where he forgets that he might be eaten, suddenly, by ants, or that a huge arsenical lobster might fall on his head…" — Federico García Lorca, Theory and Play Of The Duende*

GRAINY DOCUMENTARY

In the last room of the Flamenco museum
I'm surrounded by a choreographed dance
in hi-tech on the walls.
I stay only a few moments,
mind already overflowing.

As I part the curtains to exit the exhibition
a slight small shadow crosses my path —
from the courtyard's daylight
I glance back into the room:
a toddler stands alone in the dark.

Moments later her father peeks through
looking for her, "Monique?"

Downstairs I scan the exhibition map.
The room where I saw the girl
is named Duende.
Rilke calls it spiritual energy.
Jung's primary matter,
dark matter according to physics:
"We know it is out there
but we cannot clearly identify
exactly what it is." *
Root of artistic force, Lorca says:
"In every other country
death is an ending. It appears
and they close the curtains.

Not in Spain. In Spain
  they open them." *

I start the exhibition again
in the foyer of Oriental origins.
Cross-continent pollination...
Carmen's castanets.
In the room second to last
I recognise the silhouette
of Monique's plats.
In a grainy documentary
an old woman dances,
possessed by a white dress.
Spellbound Monique
improvises off-beat muted claps.

Her father enters again,
stretches out his giant arms.
Tiny windmill fists
spin to fight him off.
    He leaves

      re-enters —
      scoops her up decisively
      and just like *that*
      the taut little body relaxes,
small home of her boundless soul
planted on the slope of his shoulder.

** From Attentive Equations. The writing of Judith Reeve on painting. https://www.attentiveequations.com/category/poets-painters/rainer-maria-rilke/page/3/*

** From Theory and Play of the Duende by Federico García Lorca, translated by A. S. Kline https://www.poetryintranslation.com/PITBR/Spanish/LorcaDuende.php*

GREINIGE DOKUMENTÊR

In die laaste kamer van die Flamenco-museum
Is ek omring deur ’n gechoreografeerde dans
In hi-tech teen die mure.
Ek bly net ’n paar minute,
gedagtes reeds oorstroom.

Skei die gordyn om die uitstalling te verlaat.
’n Sweempie skaduwee kruis my pad –
vanuit die binnehof se daglig
kyk ek terug die kamer in:
’n kleuter staan alleen in die donker.

Oomblikke later loer haar pa in,
soekend, “Monique?”

In die voorportaal bestudeer ek die kaart.
Die kamer waar die dogtertjie was
se naam is Duende.
Rilke noem dit geestelike energie.
Jung se primêre stof,
donker stof volgens fisika:
“We know it is out there
but we cannot clearly identify
exactly what it is.” *
Wortel van kunssinnige krag, sê Lorca:
“In every other country
death is an ending. It appears
and they close the curtains.

Not in Spain. In Spain
  they open them." *

Ek begin weer die uitstalling
in die voorportaal van oorspronge.
Kruis-kontinentale bestuiwing...
Carmen se kastanette.
In die tweedelaaste kamer
herken ek die silhoeët
van Monique se vlegsels.
In 'n greinige dokumentêr
dans 'n ou vrou,
besete deur 'n wit rok.
Monique se handjies
improviseer
gedempte
onreëlmatige slae.

Haar pa kom weer in,
strek sy reuse arms uit.
Windmeul-vuisies
baklei om hom te stuit.
Hy verdwyn
verskyn weer –
            skep haar vasbeslote,
            en net só verslap die stywe lyfie,
klein tuiste van haar onmeetbare gees
geplant op die berg van sy bors.

** Uit Attentive Equations. The writing of Judith Reeve on painting.*
https://www.attentiveequations.com/category/poets-painters/rainer-maria-rilke/page/3/

** Uit Theory and Play of the Duende by Federico García Lorca, translated by A. S. Kline*
https://www.poetryintranslation.com/PITBR/Spanish/LorcaDuende.php

(HE)ART OF SHADOWS

Hello from Tolosa, Dear Professor Wade,

Today, on the eve of my return
  from this small city
in Spain's Basque Country,
I met an old man from Italy.
Marco owns Teatri Mobili.
Over lunch he said,
in the forests of Viterbo
there is a special fly with red eyes –
if you wait at dawn
to see where it hovers and rests,
that is when the rarest truffles are near.

Earlier this evening in the square
outside Tolosa's puppet museum,
a small crowd squeezed into a yellow bus.
Marco's sons with chiseled chins,
and their ink-eyed wives
with Argentinian and Euskara tongues
performed a wordless show.
I'd like to cancel my ticket home.

To make my first shadow play
    behind a sheer curtain —
        of the red-eyed fly,
the truffle nestled in the forest floor,
the pig that comes sniffing,

snout burrowed in the undergrowth.

May I finish my PhD
through distance supervision?
We could use Adobe Connect
when Teatri Mobili is in recess?

All the best,

Marí

(poet-researcher
turning puppeteer)

SKADU-HART

Hallo uit Tolosa, Geagte Professor Wade,

Vandag, op die voor-aand van my terugkeer
vanuit hierdie Spaanse stadjie
se Basque-distrik,
het ek ’n ou man uit Italië ontmoet.
Marco besit Teatri Mobili.
Oor ete vertel hy toe,
in die woude van Viterbo
is daar ’n spesiale rooi-oog vlieg –
as mens op dagbreek wag
om te sien waar dit huiwer en rus,
is dít wanneer die raarste truffels naby is.

Vroeër vanaand in die vierkant
buite Tolosa se marionet-museum
het ’n klein skare in ’n geel bus ingedruk.
Marco se seuns met gebeitelde kenne,
en hulle ink-oog vroue
met Argentynse en Euskara-tonge
het ’n woordlose spel gespeel.
Ek wil graag my kaartjie huis toe kanselleer.
Om my eerste skadu-toneel op te voer
agter ’n wasige gordyn –
oor die rooi-oog vlieg,
die woudvloer wat die truffel koester,
die vark wat kom snuffel,
snoet stotend in die onderbos.

Mag ek my doktorsgraad
via afstandsonderrig klaarmaak?
Ons kan Adobe Connect gebruik
as Teatri Mobili rus?

Alles van die beste,

Marí

(digter-navorser
wordende marionettemeester)

The Long Trip | Die Lang Reis

THE LONG TRIP

A gentle chat as usual. She lets me muse.
News about my far-off daughter.
Then to the point,
"I need sleeping pills
for the long trip."
Her children also study science.
My heart contorts. How hard they work.
Her eyes twinkle. We agree
why we travel to see the kids
(cook, clean, moral support)
and how we spoil ourselves
sometimes on these journeys
with tickets to exquisite concerts.
We discuss old injuries.
She scribbles my script.
At the door I throw in a last bit,
"Soon science could make us a-mortal,
unless one gets run over?"
(Like Gaudí in his seventies,
by a tram… I imagine, while stepping back
admiring his fantastical incomplete cathedral.)
This gem GP's retort, a reality check for the dreamer:

"So, at what age will they stop us from waning?"

I chirp, "Two! The whole planet
will crawl eternally
with toddlers."

We giggle down the corridor
as she escorts me to the foyer.

(May she never be replaced
by a diagnostic machine.)

DIE LANG REIS

Sagkens gesels ons, soos gewoonlik.
Sy laat my afdwaal.
Nuus oor my dogter in die verte.
Dan tot die punt,
"Ek benodig slaappille
vir die lang reis."
  Haar kinders studeer ook wetenskap.
My hart trek saam. Hoe hard swoeg hulle nie.
Haar oë vonkel. Ons stem saam
hoekom ons gaan om die kinders te sien
(kook, skoonmaak, morele ondersteuning)
en hoe ons onsself soms op hierdie togte bederf
met kaartjies na asemrowende konserte.
Ons bespreek ou beserings.
Sy krabbel my voorskrif.
By die deur gooi ek die laaste stuiwer in,
"Binnekort kan navorsing ons onsterflik maak,
tensy mens omgery word?"
(Soos Gaudí in sy sewentigs,
deur 'n tram... Ek verbeel my,
 terwyl hy agteruit getree het
om sy fantastiese onvoltooide
katedraal te bewonder.)
Hierdie kosbare huisdokter se vraag
bring die dromer aarde toe:
"So, op watter ouderdom
gaan hulle ons oudword stop?"

Ek skerts, “Twee! Die ganse planeet
gaan vir ewig wemel met kleuters.”
Ons giggel die gang af
as sy saamstap na die ontvangskamer.

(Mag sy nooit deur ’n diagnostiese masjien
vervang word nie.)

TURNS

like a wave of hair
over her shoulder

and over her breasts
and down her waste,

over her hips

and
down
her
legs

to the seam
of her dress –

notes

high and low

like her hair, and her throat
and the famous gebouw*

the dramatic soprano
tall dutch girl
turns to liquid

the meaning and worth
of ephemeral

** gebouw: building (Dutch), referring to the Amsterdam Concertgebauw*

DRAAI

soos 'n golf hare
oor haar skouer

en oor haar borste
en af teen haar middel,

oor haar heupe

en af
teen
haar
bene

na die soom
van haar rok –

note

hoog en laag

soos haar keel, en haar hare
en die beroemde gebouw –

die dramatiese sopraan
lang, jong nederlandse vrou

verander die betekenis en waarde

van vlugtig
na water

Light Travels | Lig Reis

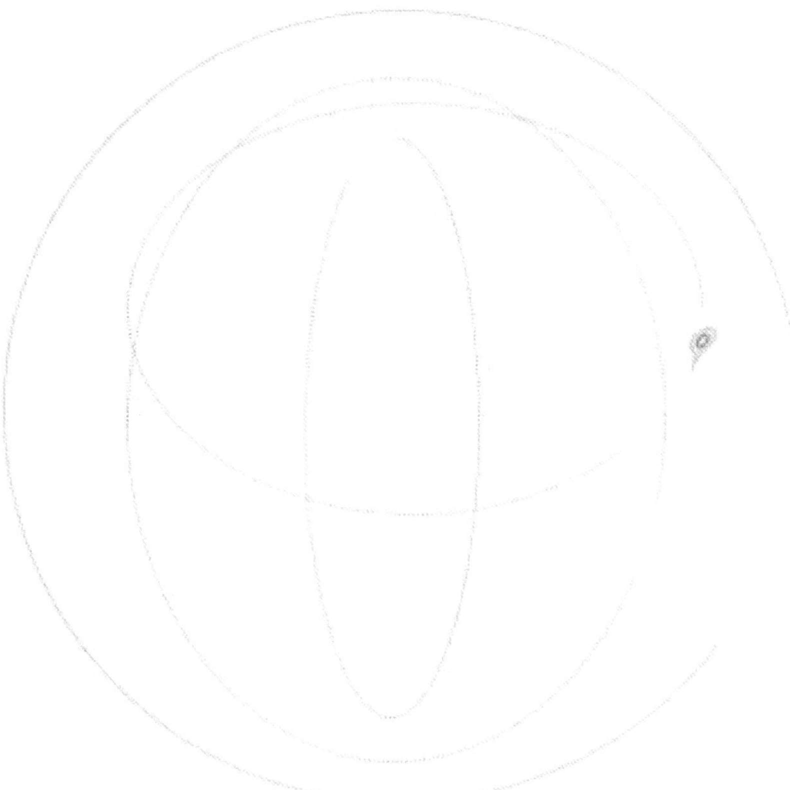

ZIGZAG ZONES

sky trails   zigzag zones
flights scribe   white
on black   or blue,
  to hold you

SIGSAG SONES

vlugpaaie sigsag sones
graveer lug   wit
op swart   of blou
  jou vas te hou

ALL REVVED UP, 10 PM

All revved up and ready to go
then told at check-in Oliver Tambo
our plane's being fixed in Zambia.

Bussed and put up for a brief overnight
and woken again at one am –
bussed and queued

with those PressLess ladies
with fancy hats and swollen feet
we finally left at six in the morning.

OPGEWEN, 10 NM

Opgewen en reg om te gaan
word ons by Oliver Tambo se toonbank vertel
ons vliegtuig word nog in Zambië herstel.

Busgery en 'n kort nag
en om een voormiddag weer wakkergemaak,
weer die bus, en tougestaan

saam met daai PressLess dames
en hul deftige hoede en seer voete
en eindelik vertrek ons die oggend om ses.

FIRST IMPRESSIONS

For Istanbul we had half a day only.
Us three meandered into the morning
past window displays – dried pomegranate,
saffron and jasmine. Where a man roasted corn
and someone sold towers of sesame bread
we wrapped our heads and shed our shoes,
walked the mosque's rugs of red and blue.

Tucked away a few alleys on
we followed stone steps,
down into the aqueduct where tides are watched
and water channeled for centuries.
There they were, right at the back in the dusk.
Two pillars carved –
Medusa heads with slithering hair.
One sideways, one upside down.

            Like every other time
when I got lost following my nose for photos,
I found my friends again, tracking their laugh
that echoed through the strange unknown.

EERSTE INDRUKKE

Vir Istanbul het ons 'n halfdag gehad.
Ons drie het verby winkelvensters
die oggend ingedwaal,
droë granaat, jasmyn, saffraan.
Waar 'n man mielies rooster
en iemand torings sesamebrood smous
bedek ons ons hoofde. Sonder skoene
het ons oor die moskee
se blou en rooi matte geloop.

Weggesteek 'n paar stegies aan
het ons kliptrappe gevolg, af na die akwaduk
waar al vir eeue lank,
getye dopgehou en water gekanaliseer word.
Daar staan hulle, reg agter in die skemer.
Twee uitgekerfde pilare –
Medusa-koppe met wriemelende hare.
Een op haar sy, een onderstebo.

Soos elke ander keer
toe ek my neus gevolg het vir 'n foto,
vind ek weer my pad
deur my maats se lag te volg
wat deur die vreemde eggo.

ISTANBUL-DALAMAN

For that grand delay in Johannesburg,
Air Turkey is forgiven:
on local flights
they toast
their cheese sandwiches
right there on the plane before serving.

ISTANBUL-DALAMAN

Vir daardie lang Johannesburgse vertraging
vergewe ons Air Turkey:
op plaaslike vlugte
rooster hul kaasbroodjies
net daar op die vliegtuig voor opdiening.

GEM HOSTS

They were tanned and lean,
these two friends of many years
waiting like kids at the end of the path –

so excited to see us. Swooped into the car
  and stopped *en route* to Ölüdeniz
at a lively spot in the balmy evening.

Onwards to their mountainside house
where wild pigs foraged in our headlights.

We woke that first morning,
bare feet tracing cool marble stairs
to breakfast and kittens
and vines shading chairs

and beyond the valley, paragliders
circling seas of aquamarine.

JUWEELGASHERE

Hulle was bruingebrand en maer,
hierdie twee vriende van baie jare –
het soos kinders gewag langs die paadjie.

So opgewonde om ons te sien. In die kar in geswiep
en op pad na Ölüdeniz, in die soel aand
gestop by ’n lewendige plekkie.

Toe gaan ons weer aan na hul huis op die berg-rand
waar wilde varksnoete in ons hoofligte kos soek.

Daardie eerste oggend word ons wakker,
kaalvoet op koel marmertrappe
af na babakatte en ontbyt,
stoele in prieël se koelte

en anderkant die vallei
sirkel hangvlieërs bo akwamaryn.

BROKE THE SURFACE

In Durban the day before the trip,
I walked and paused –
between sky and shore
a few whales blowing fountains.

That night before my flight I dreamt,
whales played close to the beach.
Shiny, wet. I woke perplexed.
Their colour was ochre yellow.

A few days on in Fethiye,
with coffee and figs at the marina
I leapt from my chair –
Right there, on the quay's edge

a turtle broke the surface.
First his head, then his back...
He rolled over. Ochre yellow
the sealed belly vanished.

BREEK DIE OPPERVLAK

In Durban die dag voor die reis
het ek gaan stap, in my spore gestop –
tussen horison en sand
spuit walvisse fonteine.

Daardie nag voor my vlug
droom ek walvisse speel digby die strand.
Blink en nat. Ek word wakker,
gefassineer. Hul kleur
was okergeel.

’n Paar dae aan in Fethiye,
met koffie en vye by die hawe
spring ek uit my stoel –
net daar, op die rand van die kaai

breek ’n seeskilpad die oppervlak.
Eers sy kop, dan sy dop…
Hy rol om.   Okergeel
geseëlde pens
verdwyn.

TRAVEL TIP

when you finally rise from the lucent
mineral-rich lagoon, don’t shower –
lick salt from your shoulders

then place a small spoon
  of mulberry sorbet
    on your tongue

REISRAAD

wanneer jy uiteindelik opstaan
uit die deurskynende, mineraalryke lagune,
moenie stort nie – lek sout van jou skouers

en sit ’n klein skeppie
moerbei-sorbet
op jou tong

AMSTERDAM

After the flight we waited for keys
easing our tummies with frites en bier*.
Dragged our cases over the bridge –
a boat on the Heerengrag
home for three days.

I slept in the kids' cabin
down in the nose.
Dreams swayed
on lapping water
and sifting rain.

** frites en bier: chips and beer (Dutch)*

AMSTERDAM

Na die vlug het ons vir sleutels gewag –
ons magies kalmeer met frites* en bier.
Ons tasse oor die brug gesleep –
’n boot op die Heerengrag
ons huis vir vier nagte.

Ek het in die kinderkajuit geslaap
onderin die neus,
drome wiegend
op klotsende golfies
en stuiwende reën.

** frites: skyfies /slapchips*

FOREIGN LAND

Yesterday in Gröningen
I asked, where your heart places are?
Answered my own question —
if possible, one day,
my ashes should
be scattered in the Drakensberg.

This morning still far from hearth,
I receive news of a young hiker mother
who slipped last Sunday along Gray's Pass,
plunged down a deep gorge
    and vanished.
I realise now, my wish
is glib and lavish.

VREEMDE LAND

Gister in Gröningen
vra ek waar jou hartsplekke is?
Antwoord ek my eie vraag —
my as moet
indien moontlik,
in die Drakensberge gestrooi word.

Vanoggend steeds ver van haard
ontvang ek nuus: 'n jong voetslaner-ma
het laas Sondag langs Gray's Pass
gegly, in 'n diep kloof afgestort
en verdwyn.
Besef ek nou my wens
is ligsinnig en luuks.

TRAVEL MATE

Together we walk to the station
down the cobblestone street.
You depart earlier. I come along
to greet my travel mate.

Playfully I know better:
"Fran, you should get a Samsonite.
A robber's blade
cuts through this bag."

In confident
eloquent Afrikaans
in pace with our banter
the last three weeks

your index fingers
circle in low country light:
"Marí...I draw a *ring* of fire
round my case."

REISMAAT

Saam stap ons stasie toe
in die hobbelrige straat.
Jy vertrek vroeër.
Ek sien jou af.

Speels weet ek beter:
"Fran, kry vir jou 'n Samsonite.
'n Boef se lem
sny *deur* daai sak."

Selfversekerde stem
op mooi Afrikaans,
in pas met ons skertse
die laaste drie weke

sirkel jou wysvingers
in laelandse lig:
"Marí…ek trek 'n *ring* van vuur
rondom my tas."

LEARNING THE ROPES

Adjust the mirrors, slide the seat –
  on a soft hum, the hybrid Nissan
glides into a circle swarming with traffic.

One needs so many eyes!
Here, rivers of cyclists insist
that every other form of transport

should yield. Driving on the “wrong” side
resembles a lucid dream – you know you’re in it
when doors open the opposite way

and everything’s reversed compared to
being awake. Bloody Google Maps
speaks too late and we miss the turn…

So much surveillance here. Trying
to avoid the freeway to goodness-knows-where,
I dare to take a forbidden avenue

while digital eyes gleam above the rented car.
                                        In Ikea’s toilets I cry
then brace myself and walk to you

to talk through our heat-of-the-moment
mother-daughter misunderstandings
(and my heart, my heart goes out to you,

making a life here among other youth
carving their dreams
in a small Dutch city of cutting winds

and live-and-let-live beliefs.)
Pricing the chairs, we pause to ponder
nuances between leuk* and lekker* and nice.

We zig-zag through a vast scale
of DIY; with two loaded trolleys,
manage the self-service till –

a well-oiled team; you bring hotdogs and coffee,
the way all other families roll before going home.
Back at your place, you bring out

the landlord's electric drill
and we YouTube how to use it.
What type of wall – wet or dry? What size plug and

how not to break the bit.
Between bags of stuff piled on the floor
(you've just moved in), we follow

manuals – assemble, organise, clean
to create privacy, space and light
for you to sleep and study.

Handbags and coats hung on the walls,
curtains shortened; plants and chairs
now grouped on your small balcony

we part outside your shared place
one flight of stairs above the bar.
I reach for the cold rail of the bus

and you cycle away to the library...
small shoulders, earmuffs,
floating hair.

** leuk: nice (Dutch)*
** lekker: nice (Afrikaans)*

TOUWYS

Draai die spieëltjies, verstel die sitplek –
op 'n sagte noot gly die hibriede Nissan
in die swermende verkeersirkel in.

Mens het soveel oë nodig!
Hier dring riviere fietsers aan
dat elke ander vorm van verkeer

moet toegee. Om aan die "verkeerde" kant
te bestuur, is soos 'n helder droom. Mens weet
jy's in een, want deure maak andersom oop

en alles is teenoorgesteld in vergelyking
met wakker wees. Blêrrie Google Maps
praat te laat en ons mis die afdraai…

Soveel toesig hier.
Ek waag 'n verbode draai
om die snelweg na wie weet-waar te vermy

terwyl elektroniese oë glim bo die gehuurde kar.
In Ikea se toilette stort ek trane
dan staal ek myself en stap na jou toe

om te praat oor ons hitte-van-die-oomblik
ma-dogter misverstande
(en my hart, my hart gaan uit na jou

wat hier saam met ander jonges
jou drome uitkerwe
in 'n Nederlandse stadjie van vlymskerp winde

en verdraagsame waardes.)
Terwyl ons pryse soek vir stoele, wonder ons saam
oor subtiele verskille tussen nice* en leuk* en lekker.

Ons sig-sag deur 'n groot pakhuis
vol self-doen-goed; met twee vol trollies
kom ons reg by die self-skandeer kasregister –

'n goedgeoliede span, jy bring koffie en warmbrakke
net soos ander gesinne voor huistoetyd maak.
            Terug by jou plek

bring jy die landheer se elektriese boor
en ons YouTube hoe dit werk.
Watter soort muur – nat of droog?

Watter soort prop en hoe om nie die punt
te breek nie. Tussen sakke goed op die vloer
(jy't pas ingetrek) volg ons

aanwysings – sit aanmekaar, organiseer,
skrop – skep privaatheid, lig en spasie
waar jy kan werk en slaap.

Handsakke en jasse teen die muur gehang,
gordyne nou korter, plante en stoele
in groepies op jou nou balkon

neem ons afskeid buite jou plek bokant die kroeg
wat jy met drie ander deel. Ek reik
na die koue busreeling

en jy ry weg op jou fiets, biblioteek toe…
smal skouers, oormoffies,
hare vloeiend.

** leuk: lekker (Nerderlands)*

** nice: lekker (Engels)*

BACK AT ATATÜRK AIRPORT

Jetlagged and deconstructed
in a cubed room of mirrors
I dream I have a daughter
    strong and bright
who cycles on a big black bike
through wet streets at night.

TERUG BY ATATÜRK LUGHAWE

Vlugvoos en losgetorring
in 'n kubus-kamer vol spieëls
droom ek   ek het 'n dogter
  sterk en slim, wat snags
op 'n groot swart fiets
deur nat strate swiep.

LIGHT TRAVELS

tomorrow's sun behind my back
and yesterday's nightfall
ahead in Montreal –

where is it now, the unmade bed's
fine, fragrant linen
I already creased in Istanbul?

LIG REIS

Môre se son agter my rug
en gister se skemer
vorentoe in Montreal –

waar is dit nou, die onopgemaakte bed
se fyn, geurige linne
wat ek reeds in Istanbul gekreukel het?

THOUGHT ABOVE THE ATLANTIC OCEAN

In the centre of my mother's boer war book
is an immorality section —
that at night in the concentration camp,
some young boer women
left the tent flap open
for khaki lovers.

GEDAGTE BO DIE ATLANTIESE OSEAAN

in die middel van my ma se boereoorlogboek
is 'n afdeling oor onsedelikheid —
dat in die konsentrasiekamp,
sommige jong boervroue
snags die tentflap
vir kakie-minnaars oopgelos het.

TOUCHDOWN, TORONTO

In a photo over the travellator,
differently shaped toes in a circle
say, all is welcome in Toronto.

Where we snake with passports
I marvel at the elegance of Koreans —
in my next life, I shall arrive like that
after a ten-hour flight.

Jetlag begins to show
when I squeeze Voltaren gel
on my toothbrush in the washroom.

At the next check-in desk
I do an about turn,
jump back on the swooshing shuttle
to go to Terminal 1 again –

a lanky Jamaican from Air Turkey barks,
"Sit, wait — if I retrieve your suitcase late,
we'll rebook you." My heart sinks.
It's already eleven pm.

He returns. Large, strange, faithful.
Warns me not to show my rug sack
when we walk past customs
back into the inner bowels.

Suitcase found! Run, again,
to catch the shuttle to terminal 2.

At check-in I am teary when she shows compassion.
Luggage fee waived by the budget airline,
as my credit card did not work
and I could miss the plane.
"You go – I'll check in your case."
Security searches in soft-spoken kindness.
"That way – Run!"

At the gate, even time left to envy
the leggy mum and three littlees
trailing onto the plane like ducklings.
Boarded for Halifax well after midnight.

At two pm outside this small airport,
one taxi parked in icy winds
my only option.
For an hour I hang onto the edge
as we speed and skirt
Nova Scotia's corners.

GRONDVAT, TORONTO

In 'n foto bokant die vervoerband
kondig 'n sirkel tone van vele vorme en kleure aan
dat almal welkom is in Toronto.

Waar ons met paspoorte kronkel,
bewonder ek die Koreane se styl –
in my volgende lewe
gaan ek na 'n tien-uur vlug, só elegant arriveer.

Vlugvoosheid begin wys
wanneer ek in die badkamer
Voltaren gel op my tanderborsel spuit.

By die volgende vertrekpunt
draai ek terug,
spring weer op die pendeltrein
na Terminaal 1 waar ek vandaankom –

'n Air Turkey-hemelbesem van Jamaica blaf,
"Sit, wait — if I retrieve your suitcase late,
we'll rebook you." My hart sink.
Dis reeds elf namiddag.
Hy keer terug. Groot, vreemd, getrou.
Waarsku my om nié die rugsak te wys
wanneer ons verby doeane stap nie,
terug in die lughawe se ingewande in.

Tas gekry! Hol weer,
om die pendeltrein te haal na Terminaal 2.

By inboek maak haar deernis my huilerig.
Bagasiefooi oorgesien
omdat my kredietkaart nie werk nie
en ek die vliegtuig kon mis.
“You go – I’ll check in your case.”
Sekuriteit soek sagkens.
“That way – Run!”

By die hek, selfs tyd oor
om die langbeen-ma en haar drie kleintjies te beny
wat vliegtuig toe waggel soos eendjies.
Aan boord vir Halifax, heelwat ná middernag.

Om twee namiddag buite hierdie klein lughawe
is ’n enkele taxi buite in die yswind
my enigste opsie.
Vir ’n uur lank hang ek aan
soos ons snel om die rand
van Nova Scotia.

ATATÜRK AGAIN, HOMEWARD BOUND

On this trendy new airport's lavish couch
for the average traveler,
I flopped down in sleep-deprived stupor.

Before I dropped down the bottomless well
I noted the most tender site –

a petit Japanese mother
draped a sheer scarf intricately around her
with an opening below her chin
to peek down into –

below, she breastfed a wriggly toddler
until the restless little head of shiny black hair

dropped;
still
with sleep.

She got up, wrapped the kid around her lithe frame,
walked away   beyond the edges of my vision.

WEER ATATÜRK, HUISWAARTS

Op hierdie hoogmode-lughawe
se luukse rusbank vir die gewone reisiger
slaan ek, slaap-ontneemde zombie, neer.

Voor ek deur die eindelose put tuimel,
val die teerste beeld my op –

'n Japanese ma, fyn van been
drapeer vaardig 'n sagte serp om haar,
met 'n opening onder die ken
om in af te kyk –

en onder borsvoed sy 'n wriemelende kleuter
tot die rustelose klein koppie met blink, swart hare

slap word,
          stil
met slaap.

Sy staan op, knoop die kind om haar lenige heupe,
stap weg   uit die grense van my sig.

Acknowledgements

Seven of these eighty-four poems are from previous collections, but in *Light Travels*, they appear with translations. From *begin*: "First Embrace, Finland" and "Ride for Free" (previously titled "Havoc in my Belly"); from *Amytis*: "Rooftop Room" and "I love it when you leave me"; from *Step Through*: "Suitcase", "Pocketful of Berries" and "Hyde Park".

I am grateful to my husband Stephen (the world's best father) and sometimes my mother Ina, for holding the fort at home during some of those trips when I traveled alone.

I am indebted to an academic career at the Durban University of Technology, for travel opportunities.

Thank you, Neill Stevenson of Leopard Press, for publication support and faith in the work; Matri van den Heever, for the cover design; and Professor Jean-Philippe Wade, for inspirational feedback.

Previously by the poet

Winter: Water and Fire | Winter: Water en Vuur. Maloti-Drakensberg Verse (2019)

Step Through (2015)

Amytis (2007)

begin (2002)

maripetepoetry.com